RÉCIT

Curieux et Instructif de mes Différents avec deux communes de l'Anjou

A PROPOS

de certains Chemins d'exploitation de ma Terre de Parpacé

PAR

LE COMTE DE GALEMBERT
EX VICE-PRÉSIDENT DE LA SOCIÉTÉ ARCHÉOLOGIQUE DE TOURAINE, MEMBRE CORRESPONDANT DE PLUSIEURS ACADÉMIES DE PROVINCE

BAUGÉ
Imprimerie DALOUX, rue Haute-du-Cygne, 14 bis
—
1881

RÉCIT

Curieux et Instructif de mes Différents avec deux communes de l'Anjou

A PROPOS

de certains Chemins d'exploitation de ma Terre de Parpacé

PAR

LE COMTE DE GALEMBERT

EX VICE-PRÉSIDENT DE LA SOCIÉTÉ ARCHÉOLOGIQUE DE TOURAINE, MEMBRE CORRESPONDANT DE PLUSIEURS ACADÉMIES DE PROVINCE

BAUGÉ

Imprimerie DALOUX, rue Haute-du-Cygne, 14 bis

—

1881

AVANT-PROPOS

Le 16 février 1881, après trois ans d'instance, la Cour d'appel d'Angers me déboutait par un arrêt longuement motivé de mes revendications contre les communes de Bocé et de Chartrené, au sujet des chemins d'exploitation dits de la Thouesnière et des Grands-Bois, qui de tout temps ont fait partie de ma terre de Parpacé.

Battu devant trois juridictions successives, ayant dépensé en frais de procédure dix fois la valeur de ces chemins, pouvant prouver par cela seul à mes héritiers que j'ai défendu leurs droits et les miens avec énergie et persévérance et, bien qu'étant plus que jamais convaincu de la justice de ma cause, j'étais résigné de guerre lasse à subir les conséquences de ma défaite.

Les tracasseries (1) de l'administration de la commune de Bocé m'ont fait changer de résolution.

---

(1) L'arrêt de la Cour d'appel était à peine prononcé que M. le Maire de Bocé m'intentait un autre procès pour avoir enlevé des terres sur le chemin de la Thouesnière, qu'en réalité j'avais rendu plus praticable en le nivelant et l'élargissant à mes dépens.

A défaut de la Cour de Cassation à laquelle mes conseils m'ont détourné de m'adresser, je me suis décidé à faire appel à l'opinion publique en publiant en brochure les principales piéces du procès.

Je donnerai donc in extenso sauf les détails de procédure, les considérants des jugements 1° du tribunal de première instance de Baugé ; 2° de la Cour d'appel d'Angers. Je les ferai suivre l'un et l'autre de quelques observations.

Je ne vois pas la nécessité de publier le jugement du Juge de paix de 1879, il n'avait à se prononcer que sur la question du *possessoire*, or, par suite de l'absence des propriétaires, ou de la négligence de leurs représentants, ce côté de la question était trop favorable aux empiètements patiemment combinés de la commune de Bocé pour qu'elle n'obtint pas gain de cause.

Mais au *pétitoire* ou les droits de propriété doivent se prouver par titres, il n'en était plus de même. Aussi est-ce sur ce point que la bataille s'engagea sérieusement en première instance. Cela se passait en 1880 ; mais le commencement de l'affaire remonte à plus de vingt ans en arrière et je ne puis passer sous silence les deux pièces capitales de 1857 et 1858 qui ont figuré au dossier sous la signature de ma vénérable mère.

Je donnerai de chacune d'elle une analyse succinte mais suffisante.

Enfin plus récemement encore, M. Arthur du

Chêne, archiviste paléographe, a trouvé dans mon chartrier un certain nombre de pièces qui donnent un démenti formel aux prétentions de la commune de Bocé de posséder ces chemins de *temps immémorial.*

D'où la division de ce travail en quatre chapitres :

1° Les titres antérieurs à 1789.

2° Les piéces contemporaines.

3° Les jugements des tribunaux.

4° Mes observations sur les considérants de la Cour d'appel.

I

LES ANCIENS TITRES

Les chemins en litige passaient l'un et l'autre sur les levées de deux étangs ;

Voir la copie d'un aveu rendu à la seigneurie de Milon par René de Vendomois, seigneur de Parpacé, le 26 mars 1563, chartrier de Parpacé, p. 33 verso : *Article 27. Item, l'étang de la Rouche, alias le grand étang,* sur la ferme des Grands-bois *et l'étang de la Mellinière, alias le petit étang,* entre le château de Parpacé et la ferme de la Thouesnière.

Autre aveu à Sermaise en 1663 par Mathurin du Rideo, seigneur de Parpacé :

Item deux étangs, l'un appelé la Rouche autrement le grand étang, lequel est de présent mis en valeur, tant en terres labourables, qu'en prés, la chossée et la bonde y sont encore apparents et l'autre étang de la Mellinière, autrement le petit étang dont dessus est fait mention et estant de présent en étang, ainsi que les dits *étangs se poursuivent et comportent* AVEC LES CHOSSÉES *et appartenance d'icelles.*

Nul doute avec un texte aussi précis que le seigneur de Parpacé ne possédât en 1663, les chemins qui passent sur les CHOSSÉES de ses deux étangs.

Le même Mathurin du Rideo dans un aveu fait à Milon en 1649 (page 41 du chartrier) de sa terre de Parpacé, comprenant :

1° Le domaine de Parpacé ;

2° La ferme de la Balivière ;

3° Celle de la Thouesnière ;

4° Celle de Jousseaux ; pour une contenance de 240 journaux (720 boisselées ou 48 hectares), et le texte ajoute, *le tout en un seul tenant.*

Or le chemin de Parpacé à la Thouesnière est compris dans ce périmètre, donc en 1649, comme précédemment en 1563, ce chemin était une dépendance de la terre de Parpacé.

Extrait du Censif, p. 42, art. 24, n°s 155 et 156 du plan :

Un taillis de 10 boisselées (0 h. 56, n° du cadastre 1195) *séparé de la pièce du Derry* (n° 1194) PAR UN CHEMIN D'EXPLOITATION *allant dudit lieu des Grands-Bois dans la pièce du Grand-Jousseau.*

Un titre plus récent est encore plus explicite pour affirmer la propriété du chemin des Grands-Bois au seigneur de Parpacé.

Du 23 juillet 1772, aveu de la moitié par indivis de Parpacé au fief de Sermaise et l'autre moitié indivis à Milon, par Messire Maximilien de Vanssay.

Extrait de la nomenclature des pièces de terre, prés, bois, etc., composant la tenue des Grands-Bois ; n° 70, article 61 du chartrier.

Le dit pré où était ledit ancien étang de la Rouche de Parpacé, partie duquel pré est en labeur (labour) *et ça en le haut* dépendant dudit *lieu des Grands-bois, contenant 10 boisselées ou environ, lequel étang ledit seigneur de Parpacé a droit de remettre en eau et de faire couvrir d'eau les terres et prés voisins.*

Une prée dépendante dudit lieu des Grands-bois ou pareillement était autrefois ledit étang contenant icelle prée trente boisselées ou environ; le tout en un tenant contenant 92 boisselées ou environ, joignant d'un côté, vers le nord la terre dépendant dudit lieu de la Morlière ci après en hommage, hayes et fossé entre deux qui dépendent du présent ; d'autre côté, vers midi par diverses figures de jauges, audit chemin de Parpacé audit prieuré de Chartrené, et des Grands-bois audit prieuré ; d'un bout vers Orient à la prée dudit lieu de la Morlière cy-après en hommage, un fossé portant cours d'eau entre deux dépendant des présentes et auxdites terres dépendant de la Balivière ci-dessus confrontées et d'autre bout, vers Occident, audit chemin des Grands-bois au prieuré de Chartrené LEQUEL CHEMIN SERT SEULEMENT POUR L'EXPLOITATION*des dites terres dudit lieu des Grands-Bois.*

Je pourrais multiplier ces citations presque à l'infini. Je m'arrête. Celles que je viens de faire suffisent amplement à prouver que de *temps immémorial,* ou plutôt (pour sortir du vague de cette expression), que du milieu du XVIe siècle jusqu'à la Révolution et au delà, pendant près de trois cents ans, la possession des chemins dont deux jugements viennent de me déposséder est acquise par titres authentiques aux propriétaires de Parpacé.

II

PIÈCES CONTEMPORAINES.

Sous cette qualification, le dossier contient deux pièces qui, bien qu'absolument contradictoires, sont revêtues toutes deux de la signature de ma mère.

Comme les affirmations opposées de ces deux pièces résument toutes les difficultés du procès, j'en transcris ici les dispositions essentielles et les mettrai en regard l'une de l'autre pour que le lecteur puisse en saisir l'esprit et juger sainement les conclusions que j'aurai à tirer d'une aussi monstrueuse contradiction.

Projet de transaction avec la commune de Bocé sur l'acquisition de parcelles de chemins joignant les terres de Parpacé.

—

Ce projet est sur papier libre, écrit par une main étrangère et signée très lisiblement par ma mère,

Échange entre Madame la comtesse de Galembert et la commune de Bocé, fait en l'étude de Me Aubert, notaire à Baugé.

Ont comparu : M. Philippe Caterneau, maire de Bocé et Madame Pascale de Vanssay, veuve de M. Joseph-François-Henri

alors âgée de 75 ans. Il est daté du 20 décembre 1857 et a été composé par mon frère Charles, baron de Galembert, ainsi que le prouve le brouillon entièrement de son écriture que j'ai entre les mains.

Il commence par combattre les prétentions de la commune de Bocé de faire un chemin vicinal ou rural *du chemin qui se rend parallèllement à la route impériale du château de Parpacé aux prés et à la ferme de la Thouesnière. Ce chemin, où se trouvent deux barrières, est un chemin d'exploitation s'il en fut jamais, ne servant et ne pouvant servir qu'à l'exploitation des prés et terres dépendant de Parpacé.*

Suivent plusieurs arguments tirés de la dénomination du chemin dans les anciens plans et de sa situation sur la chaussée d'un ancien étang *dont Bodin, comte de Galembert.*

—

L'acte en question porte sur 51 parcelles de chemins dont : 1° 44 en échange, contenant 85 ares 26, et 2° 7 parcelles d'une contenance de 5 ares en contre échange.

Il faut observer que les 44 parcelles d'échange, d'une contenance totale de 85 ares 26, se subdivisent en 38 parcelles d'une contenance de 78 ares 35, situées sur des chemins vicinaux non contestés, et seulement 6 parcelles de 6 ares 91 sur l'un des chemins en litige.

Ainsi c'est pour 6 parcelles de 6 ares 91, ne valant pas 40 fr. que toute cette campagne a été suivie par l'administration de Bocé depuis 40 ans, avec quels artifices ! On en jugera plus tard.

Mais il fallait dans un acte régulier, justifier

on voit encore la bonde et l'empallement.

Discussion du prix de 40 parcelles à acheter sur les autres chemins vicinaux.

Observation relative aux terrains à acheter par la commune de Bocé pour l'élargissement du chemin vicinal allant de Bocé à la route impériale.

de part et d'autre l'origine de la propriété des parcelles échangées. Pour ma mère, cela était facile avec 3 volumes in-folio de titres remontant à plusieurs siècles en arrière, sans compter les titres récents. Mais la commune n'avait pas, pour justifier ses prétentions, le moindre bout de papier ancien ou moderne. (Nous verrons plus tard qu'elle n'en avait *qu'un,* fabriqué par elle pour les besoins de la cause.) Les habiles ne reculent pas pour si peu, et l'acte en question se termine par cette phrase courte mais monumentale :

Quant à la commune, elle possédait DE TEMPS IMMÉMORIAL *la terre qu'elle vient de céder !*

Que peut-on conclure de l'examen comparatif de ces deux pièces? Comment une même personne, jouissant malgré son âge avancé de toutes ses facultés, connue par sa loyauté, son amour de la justice, une conscience délicate jusqu'au scrupule et une charité qui la portait à donner sans compter aux malheureux qui l'imploraient, comment une telle personne a-t-elle pu, à un an de distance, se déjuger aussi complètement, réclamer en 1857 comme sa propriété ce qu'elle consent à acheter en 1858 comme appartenant à la commune de Bocé *de temps immémorial?...*

Il y a là un intéressant problème psychologique à résoudre, et si parmi les juges d'appel il se fut trouvé quelqu'esprit philosophique, il aurait pu éveiller l'attention de ses collègues et les porter à examiner les choses de plus près, au lieu de passer légèrement sur ces affirmations contradictoires.

Pour moi et pour tous ceux qui ont connu ma vénérable mère, il n'y a qu'une explication à ce mystère. Incapable de tromper, elle a été trompée. Ses adversaires, profitant habilement d'un moment où elle n'avait aucun de ses enfants près d'elle, lui ont présenté le classement des chemins fait par la commune de Bocé en 1840 comme un titre contre lequel toute résistance devait échouer, (nous verrons tout à l'heure quelle est la valeur de cette pièce), et après l'avoir intimidée, faisant appel à son amour de la paix et à sa bienveillance, ils ont fini par lui arracher un consentement qu'elle refusait obstinément depuis plusieurs années. Si ce consentement n'a pas été obtenu par dol et fraude, il était inutile d'inscrire ce délit dans la loi.

III

LES JUGEMENTS.

Voici d'abord les considérants du jugement rendu le 23 mars 1880, par le Tribunal de 1re instance de Baugé, dont je retranche seulement les formules de procédure :

Attendu que par jugement rendu le 3 juin 1878, exécuté par le demandeur, les communes de Bocé et Chartrené ont été maintenues en possession des chemins dont le comte de Galembert revendique aujourd'hui la propriété.

Qu'en cet état les communes n'ont pas à prouver qu'elles sont propriétaires, cette preuve incombant au demandeur.

Que celui-ci pour établir ses droits produit les aveux faits par ses auteurs a raison du fief de Parpacé, le 3 juillet 1663 et le 28 juillet 1772, aux seigneurs du fief de Sermaise dont relevait Parpacé.

Attendu que ces titres ont toute l'authenticité désirable pour être produits en justice, que bien que les communes n'y soient pas intervenues, ils leur sont opposables, leur concordance montrant clairement que les biens y désignés et dénombrés relevaient de domaines sur lesquels les communes n'avaient et ne pouvaient avoir aucun droit.

Attendu que dans ces aveux, il est rendu hommage pour deux étangs dépendant de la terre de Parpacé, que sur la chaussée de l'un d'eux passe le chemin de Parpacé à la Thouesnière; que sur la chaussée de l'autre (l'ancien étang) dit de la Rouche de Parpacé, passe le chemin des Grands-Bois.

Qu'il faut nécessairement admettre que les chaussées d'étang appartenant au propriétaire desdits étangs, les chemins passant sur ces chaussées leur appartiennent également.

Que l'aveu de 1772 s'en explique formellement en parlant du chemin des Grands-Bois, *lequel chemin sert seulement pour l'exploitation des dites terres audit lieu des Grands-Bois.*

Que ce droit exclusif avait été reconnu en 1770 par le propriétaire du lieu de la Morlière en ces termes : « Reconnaissons que ledit lieu des Grands-Bois a droit de passage à pied, à cheval, charrettes et bœufs, depuis y compris l'ouverture qui est entre les terres nommées les Souches jusqu'au chemin tendant du lieu de la Morlière au grand chemin de Baugé à Beaufort. »

Qu'il n'est pas douteux qu'au siècle dernier, les auteurs du comte de Galembert étaient propriétaires des deux chemins litigieux.

Qu'à l'époque de la confection du cadastre et aujourd'hui encore, on a considéré comme propriété privée, dépendant de la terre de Parpacé, les deux extrémités du chemin de la Thouesnière, la commune revendiquant seulement la portion intermédiaire sur laquelle les propriétaires de Parpacé ont toléré depuis le commencement du siècle le passage des habitants allant du chemin de Beaufort à Bocé à la route nationale, N° 138.

Attendu que le demandeur prouvant la propriété ancienne des chemins litigieux, la situation respective des parties est intervertie, et il incombe aux communes de justifier leurs prétentions à la propriété actuelle.

Qu'elles ne présentent aucun titre d'acquisition, et qu'il est certain que Madame de Galembert, mère du demandeur, n'a pas fait don de chemins qu'elle savait dépendre de sa propriété ; que les communes ne peuvent alléguer qu'une prescription trentenaire, susceptible de leur avoir fait acquérir la propriété des chemins dont à l'origine les habitants n'ont usé que par tolérance du propriétaire de Parpacé.

Que quelque regrettable qu'il soit de voir sanctionner par la législation en vigueur de semblables usurpations les tribunaux ont le devoir d'appliquer l'article 2262 du C. C. ainsi conçu : Toutes les actions tant réelles que personnelles, sont prescrites par trente ans, sans que celui qui allègue cette prescription soit obligé d'en rapporter un titre ou qu'on puisse lui opposer l'exception déduite de la mauvaise foi !

Attendu que les prétentions des communes sur les deux chemins litigieux remontent à plus de trente ans et qu'elles ont incontestablement persisté jusqu'à ce jour à vouloir s'emparer desdits chemins sur lesquels passaient librement les habitants sans que le demandeur ou ses auteurs aient accompli antérieurement a 1878, un acte interruptif de la prescription.

Que les communes lors de la confection du cadastre ont fait figurer comme chemins publics, sauf les deux extrémités du chemin de la Thouesnière, les deux chemins revendiqués.

Qu'en 1840, ces deux chemins ont été classés comme publics ruraux sans réclamation de Madame de Galembert, mère.

Que le 17 novembre 1858, Madame de Galembert consentit à acquérir de la commune de Bocé, par acte notarié, au rapport d'Aubert, notaire à Baugé, enregistré, des parcelles provenant d'excédents de largeur de ces dits chemins, reconnaissant ainsi les prétentions de la commune qui se déclarait dans cet acte, en possession de temps immémorial, desdites parcelles.

Qu'il est impossible de se méprendre sur l'importance d'un tel acte et que le tribunal ne doit accueillir aucun renseignement contre son contenu ni sur ce qui serait allégué avoir été dit, avant, lors ou depuis, (article 1341).

Qu'enfin le demandeur a exécuté l'arrêté municipal, en 1876, prescrivant l'abat des arbres plantés le long des chemins litigieux.

Que ces faits caractérisent bien l'*animus Domini* conduisant à l'acquisition par prescription trentenaire, sans que les réparations accomplies par Madame de

Galembert et le pacage par les animaux de ses fermiers puisse en détruire la valeur juridique.

Par ces motifs:

Juge que le demandeur et ses auteurs ont laissé prescrire par les communes la propriété des chemins des Grands-Bois et de la Thouesnière.

Que le délai de trente ans étant expiré, le demandeur n'est plus fondé en droit à revendiquer la propriété de ces chemins.

Le déboute de son action;

Dit qu'il n'y a lieu de statuer sur les conclusions additionnelles;

Condamne le demandeur aux dépens.

J'aurais un certain nombre d'observations à faire et d'inexactitudes à relever dans les vingt considérants de ce jugement, mais comme la plupart de ces griefs ont été articulés de nouveau dans l'arrêt de la Cour d'appel, je les renvois à l'examen que je vais faire tout à l'heure de cette seconde décision.

Je me bornerai, pour celle du Tribunal de 1re instance, à une observation générale.

Après avoir constaté de la manière la plus évidente que les chemins en litige ont appartenu de *temps immémorial* à la terre de Parpacé, le Tribunal, n'osant pas sans doute pénétrer le mystère d'iniquité de l'acte d'échange de 1858, a versé dans la prescription trentenaire en s'appuyant sur deux faits absolument contraires à la vérité.

Il est inexact de dire *que la commune, lors de la confection du cadastre ait fait figurer comme chemins publics, sauf les deux extrémités du chemin de la Thouesnière, les deux chemins revendiqués, et qu'en 1840 ces deux chemins aient été classés comme publics ruraux sans réclamation de Madame de Galembert.*

Ce qui est vrai, c'est qu'après avoir trompé ma mère, la commune de Bocé a trompé les juges, les avocats et les plaideurs. Ce qui est vrai, c'est que le classement des chemins de la commune, de 1825, le seul légal, le seul déposé aux Archives de la Préfecture d'Angers, ne fait pas mention des chemins en litige. Ce qui est vrai, c'est que le classement de 1840 n'est qu'un projet inachevé, manquant de la sanction de l'autorité supérieure, nul et illégal par conséquent, dont les trois exemplaires de la même main sont encore à la Mairie de Bocé, tandis qu'il devrait y en avoir un à la Sous-Préfecture de Baugé, et l'autre à la Préfecture d'Angers. Ce qui est vrai, c'est que pour arriver à ses fins, la commune de Bocé dissimule le vrai classement de 1825, le seul légal, et présente à ses adversaires comme à ses juges, le projet de classement de 1840, le seul qui a paru au procès, après avoir servi à arracher à ma mère l'acte d'échange de 1858. S'il n'y a pas eu *dol et fraude* en trouvera-t-on jamais dans aucun acte privé ou collectif?

Mais, pour en finir avec le jugement du Tribunal de Baugé, si les chemins en litige ne sont classés ni en 1824, ni en 1840, sur quoi s'appuie la prescription trentenaire? Il ne lui reste plus que l'acte d'échange de 1858; or, j'ai attaqué la commune en 1878, vingt ans seulement après la confection de cet acte, donc la base même de toute prescription s'effondre; il n'y a plus d'acquisition par actes perpétrés *animo domini,* mais seulement *animo concupiscentis,* ce qui est très différent. Tout cela ne compromet en rien les lumières et la conscience des Juges du Tribunal de 1re instance auxquels je me plais à rendre hommage. Nous avons été trompés tous par plus *fin* que nous, (pour me servir d'un mot poli), et peut-être l'avoué de la partie adverse l'a-t-il été tout le premier, je me plains seulement d'être le seul à payer les erreurs de tous.

Je n'aurai pas les mêmes réserves à faire au sujet du jugement de la Cour d'appel d'Angers auquel j'arrive immédiatement.

Voici la copie des considérants. Je les numérote de 1 à 9, pour que le lecteur puisse les rattacher aux observations que j'ai à présenter sur un certain nombre d'entre eux.

Et ce jourd'hui, 16 février 1881. Considérant qu'il incombe à de Galembert, demandeur au petitoire de prouver, qu'ainsi qu'il le prétend, il est propriétaire du chemin dit de la Thouesnière et du chemin des Grands-Bois dont les communes de Bocé et de Chartrené ont été maintenues en possession par jugement du Juge de Paix de Baugé, du 3 juin 1878. Considérant que l'appelant invoque à l'appui de sa revendication deux aveux faits aux seigneurs de Sermaize les 3 juillet 1663 et 28 juillet 1772, par ses auteurs, les propriétaires du fief de Parpacé. Considérant que l'extrait de l'aveu de 1663 dont se prevaut de Galembert ne fait aucune mention des chemins de la Thouesnière et des Grands-Bois.

(1) Que s'il en résulte qu'à une époque très ancienne il a existé deux étangs sur le domaine de Parpacé, il n'en ressort nullement comme l'allègue de Galembert que ces étangs aient eu pour chaussées les chemins litigieux ou qu'en tout cas ces chemins aient appartenu privativement au propriétaire des étangs.

Considérant quant à l'aveu du 28 juillet 1772 qu'il ne contient aucune indication sur la propriété du chemin de la Thouesnière.

(2) Qu'il y est dit, il est vrai, incidemment en ce qui concerne le chemin des Grands-Bois, *qu'il sert seulement à l'exploitation des terres du dit lieu des Grand-Bois*, mais que cette simple énonciation qui n'a pas un trait direct à l'objet de l'acte, n'est ni suffisamment claire, ni suffisamment précise pour qu'on puisse inférer avec certitude, qu'en 1772, le chemin des Grands-Bois, aujourd'hui litigieux, était la propriété exclusive du seigneur de Parpacé d'où dépendait le lieu des Grands-Bois, alors surtout que d'une part, il paraît résulter d'autres passages du même aveu (3) que le même chemin bordait au moins

dans certaines de ses parties des terres appartenant à des propriétaires différents et qu'il aboutissait par ses deux extrémités à des voies publiques.

Que d'un autre côté il est formellement rappelé à la fin de l'aveu que les déclarations qui y sont consignées ne sont faites que sauf rectification (4) des erreurs ou omissions qui auraient pu s'y glisser et sous la réserve des droits d'autrui.

(5) Considérant au surplus qu'il s'agit au procès pendant de savoir non qui était propriétaire des chemins de la Thouesnière et des Grands-Bois en 1663 et 1772, mais qui en est propriétaire aujourd'hui.

(6) Considérant que les communes défenderesses produisent : 1° Un acte passé le 24 novembre 1858, devant Me Aubert, notaire à Baugé, aux termes duquel la dame de Galembert, mère de l'appelant a acquis par voie d'échange de la commune de Bocé qui a déclaré les posséder depuis un temps immémorial, six parcelles provenant d'excédants de largeur du chemin de la Thouesnière ; 2° Un contrat administratif en date du 25 décembre 1864 aux termes duquel la même dame de Galembert a acheté de la commune de Chartrené qui s'en est déclaré seule propriétaire deux parcelles retranchées du chemin des Grands-Bois, du côté appartenant à cette commune.

Considérant que ces actes opposables à de Galembert puisqu'ils émanent de son auteur immédiat, sont la reconnaissance et la consécration la plus formelle du droit de propriété des communes de Bocé et de Chartrené sur le chemin des Grands-Bois et du droit de propriété de la commune de Bocé sur le chemin de la Thouesnière; qu'ils suffisent pour faire rejeter la demande en revendication de de Galembert sans qu'il soit besoin de rappeler que les chemins litigieux figurent au cadastre comme chemins ruraux sans indication de numéros et de rechercher si les communes de Bocé et de Chartrené pourraient invoquer soit l'état de classement de 1840 préparé par le Conseil municipal de Bocé, mais non suivi d'un arrêté de classement régulier soit des faits de possession assez prolongés et assez caractérisés pour les conduire à la prescription.

(7) Considérant que de Galembert lui-même a reconnu le droit de propriété des communes de Bocé et de Chartrené, en abattant en 1877, par ordre du maire de Bocé, des arbres plantés par ses auteurs ou par lui sur les deux chemins revendiqués, en procédant contradictoirement, à la même époque, avec les deux communes au bornage des parcelles acquises par la dame de Galembert, mère; que vainement il articule aujourd'hui que le consentement donné par celle-ci aux actes d'échange et d'acquisition sus-mentionnés n'a été que le résultat de l'ignorance où elle était de ses droits, ignorance provoquée ou entretenue par des manœuvres dolosives des communes défenderesses; que cette articulation *aussi vague que tardive* (8) loin de s'appuyer sur aucun indice sérieux est, dès à présent démentie par tous les documents de la cause et ne saurait par conséquent être admis en preuve.

(9) Considérant que l'appelant conclut subsidiaire-

ment a être déclaré propriétaire tout au moins de la portion du chemin des Grands-Bois s'étendant de la ferme de ce nom à la ferme de la Morillère, portion comprise à l'extrait du plan cadastral servi à la Cour entre les lettres G et E.

Mais, considérant d'une part que toutes les pièces du procès jugé au possessoire entre les communes et de Galembert démontrent que ce dernier n'a point revendiqué devant le Juge de paix la possession de la portion dont il s'agit du chemin des Grands-Bois par la raison d'ailleurs péremptoire qu'il la considérait comme appartenant au sieur Dutier, propriétaire de la ferme de la Morillère ; qu'il ressort d'un autre côté du rapprochement du mémoire soumis au Préfet de Maine-et-Loire par l'appelant, avant d'agir au pétitoire, de l'arrêté pris par le préfet pour autoriser chacune des communes défenderesses à plaider et de l'assignation donnée à la suite par de Galembert que ce dernier n'a été autorisé à revendiquer et n'a en effet revendiqué devant les premiers juges a titre de propriétaire, que la portion du chemin des Grands-Bois dont il aurait réclamé la possession devant le Juge de paix de Baugé, à savoir celle comprise au plan cadastral entre la lettre D et la lettre C et non celle comprise entre la lettre G et la lettre E; que dès lors la demande subsidiaire qu'il formule aujourd'hui relativement à cette dernière portion doit être déclarée non recevable tout à la fois comme intentée sans autorisation et comme nouvelle.

Par ces motifs, vidant son délibéré, la Cour confirme le jugement du Tribunal civil de Baugé du 28 mars 1880.

IV

OBSERVATIONS SUR L'ARRÊT DE LA COUR D'APPEL D'ANGERS DU 16 FÉVRIER 1881.

1. *Il n'en ressort nullement...* Cela en ressort si bien que, sur l'étang de Parpacé, le chemin de la Thouesnière passe sur le ponceau qui fait suite à la bonde, l'un et l'autre bâtis par le propriétaire de l'étang. A l'ouest de la levée sur laquelle passe le chemin, il existe une mare profonde et pleine d'eau dans laquelle on ne peut passer. Les terres de cette mare, qui m'appartient entièrement, ont évidemment servi à constituer la levée de l'ancien étang.

Même observation pour l'étang des Grands-Bois. La tranchée profonde par où l'eau s'écoule et où se trouvait la bonde aujourd'hui démolie, se franchit sur un pont de bois construit par ma mère comme en ont témoigné les ouvriers qui l'ont fait et réparé.

2. *Qu'il y est dit, il est vrai, incidemment...* L'adverbe *incidemment* annonce dans le juge une singulière préoccupation de me trouver en défaut. Le

témoignage formel de mon aïeul, M. de Vanssay, ne peut se réfuter. Précisément parcequ'il n'a pas trait directement à l'acte, il a un caractère d'impartialité plus évident. Il est si parfaitement *clair* et *précis*, que l'avocat de la partie adverse n'a pas même essayé de le réfuter. Si ce témoignage n'est pas admis aussi simplement qu'il est exprimé dans l'aveu de 1772, il n'y a plus de titre valable pour constater une propriété quelconque contre des prétentions usurpatrices. Il y a donc *certitude* qu'en 1772, ce chemin qui servait *seulement* à l'exploitation des terres des Grands-Bois, appartenait à mon aïeul. Ce *seulement* étant un obstacle sérieux, il a fallu sauter par dessus pour s'en débarasser.

3. ...*Que le même chemin* (celui des Grands-Bois seul) *bordait au moins dans certaines de ses parties des terres appartenant à des propriétaires différents et aboutissant par ces deux extrémités à des voies publiques.* Deux propriétaires seulement, MM. Dutier et de Lisle, sont dans ce cas. Pour le premier, une haie plate que M. Dutier a reconnu m'appartenir, nous sépare. Pour M. de Lisle, un fossé profond et une haie forment, sur le chemin des Grands-Bois, la séparation de nos propriétés. Le fossé et la haie appartiennent à mon voisin. Mais, ni M. Dutier ni M. de Lisle n'ont accès sur le chemin qui, aujourd'hui comme autrefois, sert *seulement* à l'exploitation des terres des Grands-Bois.

Cette circonstance qu'aucun des champs voisins qui longent le chemin en litige n'a d'issue sur lui est une reconnaissance tacite *de temps immémorial* de la propriété exclusive dudit chemin par les seigneurs de Parpacé. Cet argument se retourne ainsi contre son auteur.

Quant à l'argument tiré des aboutissants à d'autres chemins, il est en vérité puéril. Tous les chemins privés, sans exception, aboutissent à un chemin public, souvent à deux. J'en pourrais citer de ce dernier genre sans sortir de ma propriété.

4. ...*Des erreurs ou omissions qui auraient pu s'y glisser*, formule banale usitée dans les actes et les comptes, sans qu'on puisse en infirmer pour cela la valeur.

5. *Considérant au surplus.... qui en est propriétaire aujourd'hui*, singulière fin de non recevoir qu'un examen plus attentif de l'acte de 1858 aurait empêché.

6. Il est certain, comme le disait le juge de première instance, que les communes ne présentent aucun titre ancien établissant leur droit de propriété sur les chemins par *don* ou *achat*. Le seul *titre légal* sur lequel elles peuvent s'appuyer est l'acte d'échange arraché à l'extrême bonté de ma mère plus que septuagénaire, par le maire de la commune de Bocé, en 1858. Sans cet acte, il n'y a pas de procès possible, pas de possession, je ne dirai pas *immémoriale* mais même trentenaire. Il importe donc d'exa-

miner cet acte avec soin, dans ses auteurs, dans les circonstances qui l'ont précédé et suivi et dans les principales dispositions de son contexte.

Il est certain que les maires ne sont pas venus de but en blanc proposer à ma vénérable mère de lui vendre 6 parcelles qui ne valent pas ensemble 30 fr., sur le chemin de la Thouesnière. La conjuration contre ces 6 parcelles a été amenée de plus loin. Personne n'ignore dans le pays que ma mère était hostile à tout achat ou échange de parcelle, non-seulement sur les chemins qu'elle affirmait lui appartenir, comme elle le dit dans le projet de transaction de 1857 signé de sa main, mais même sur les chemins vicinaux qui traversent sa propriété et qu'elle croyait à tort lui appartenir aussi. Pendant plus de dix ans que les négociations ont duré, ma chère mère répétait à tous ceux qui la fréquentaient : *Je ne veux pas racheter mon bien.* Pour moi, qui ait souvent entendu cette phrase, il est évident que le maire de Bocé n'a pu arriver à ses fins que par l'intimidation, en présentant le chemin de la Thouesnière (car, jusqu'en ces derniers temps, il n'était question que de celui-là) comme donné à la commune, 1° par le cadastre, 2° dans le ou les classements opérés antérieurement.

En ce qui regarde le cadastre, il est reconnu que les erreurs ou les omissions de cette opération administrative qui n'a point été faite contradictoirement, en peuvent oter ou donner aucun droit aux intéressés. Reste la question du ou des classements.

Pour la commune de Bocé, il en existe trois, dont deux seulement déposés à la Préfecture de Maine-et-Loire, et un resté aux archives de la commune de Bocé en trois exemplaires semblables. Le premier, en date du 2 février 1825, signé par le maire, M. X***, fermier et régisseur de la terre de Parpacé, contrôlé par le sous-préfet de Baugé, approuvé par le préfet de Maine-et-Loire, est parfaitement en règle avec la loi de l'époque et doit fixer les droits respectifs de la commune et des particuliers. Le tableau de classement des chemins en comprend 49 tant vicinaux que ruraux sans distinction des uns et des autres (1).

C'est pour établir cette distinction, qu'en date du 3 juillet 1859 intervient un second tableau de classement également régulier, avec la signature du maire et le contrôle du sous-préfet et du préfet. Mais ce tableau n'a d'autre but que de distinguer les chemins ruraux des vicinaux, pour borner à ces derniers, au nombre de six seulement, l'obligation d'entretien imposé à la commune.

Dans aucun de ces deux tableaux, dont le caractère légal et officiel est incontestable, il n'est question des chemins en litige. Il faut remarquer que celui

---

(1) Une déclaration de la publicité légale est annexée au tableau de classement.

de 1825 est signé de M. X*** qui cumulait alors les fonctions de maire et de régisseur de Parpacé, et qui, en cette dernière qualité, était tenu de connaître et de faire respecter les droits du propriétaire.

Jusqu'ici, il est incontestable que le droit du propriétaire de Parpacé sur les chemins en litige est complétement intact. Il a pour lui les titres anciens des aveux de 1663 et 1772 confirmés par l'omission des mêmes chemins sur le classement officiel de 1825. Que s'est-il donc passé depuis d'assez grave pour infirmer des droits si bien établis et engendrer les difficultés qui ont conduit les intéressés devant tous les degrés de juridiction.

Un troisième tableau de classement existe, je l'ai dit, dans les archives de la commune et manque à celles de la préfecture d'Angers. Nous dirons tout à l'heure pourquoi. Ce tableau qui a seul paru, et pour cause, dans les diverses phases du procès, au possessoire d'abord et au pétitoire ensuite, comprend 53 chemins tant ruraux que vicinaux. Quatre de plus que le tableau de 1825. Il est daté du 25 février 1840, signé du maire et de plusieurs conseillers municipaux. Et, j'ai le regret de le dire, le maire est encore M. X***, fermier et régisseur depuis quinze ans de la terre de Parpacé.

Cette fois, l'omission intentionnelle du classement de 1825 est reparée, le chemin de la Thouesnière est porté avec trois autres chemins ruraux comme appartenant à la commune.

Voilà l'instrument préparé pour vaincre l'obstination de ma vénérable mère. L'autorité municipale peut, avec cet engin de guerre, exercer sur un vieillard une pression continue. Elle trouvera un obstacle momentané en 1857 dans la présence de mon frère qui prépare un projet de transaction par lequel ma mère consent à acheter 66 parcelles sur toute sa terre si la commune consent à laisser de côté les 6 petites parcelles du chemin de la Thouesnière. Ma mère signe ce projet. Mon frère fait des démarches auprès du sous-préfet et de l'agent-voyer. Il part laissant les choses en bonne voie. Ma pauvre mère reste seule sans défense et succombe un an après aux obsessions du maire et autres officiers publics que je n'ai pas à nommer.

Quelle est donc la valeur de cette pièce qui, après avoir servi à faire transgresser à ma mère les convictions de toute sa vie, va paraître seule vingt ans après dans les procès que je soutiens plus, certes, pour l'honneur de sa mémoire que pour le profit que j'ai à en tirer. Car il importe de le remarquer, ce classement de 1840 a seul été produit par mes adversaires devant le juge du possessoire comme devant celui du pétitoire. Partout, même en appel, il a servi à masquer le classement seul vrai, seul légal, seul officiel de 1825, dont les communes font mystère et que je n'ai trouvé *in extremis* à la préfecture d'Angers, qu'après la plaidoirie de M. Fairé, mon avocat.

Or, cette fameuse pièce est irrégulière, illégale et absolument nulle. Elle n'est point approuvée par le sous-préfet de Baugé ni par le préfet de Maine-et-Loire et manque de l'attestation de publicité que la loi prescrit. Voila pourquoi elle n'est pas aux archives d'Angers où le dossier des communes ne renferme que les tableaux de classement de 1825 et 1859 revêtus de tous les caractères de la légalité. Ce prétendu classement de 1840 n'est donc qu'un projet sans valeur qui n'oblige personne, et c'est lui qui a été la base des actes multiples par lesquels la commune de Bocé, après avoir trompé ma respectable mère, a tenté de s'approprier les chemins en litige : confection, en l'absence de ma mère, du ponceau vis à vis l'Huillerie ; abattage des arbres sur les chemins classés frauduleusement ; tentative de bornage sur les chemins convoités. Cette pièce irrégulière et incomplète qui n'aurait pas dû sortir des archives de la commuue de Bocé a été la seule cause, ou pour parler plus juste, a fourni le seul prétexte au différent qui existe depuis vingt ans entre les propriétaires de Parpacé et la commune de Bocé.

En ce qui regarde le chemin des Grands-Bois, aujourd'hui encore, malgré la tentative d'usurpation des communes, il n'est pas plus légalement classé que celui de la Thouesnière.

La petite commune de Chartrené qui, dans cette question a gravité humblement dans l'orbite de sa puissante voisine, ne possède qu'un seul classement légal en date du 24 avril 1825, dans lequel il n'est fait nulle mention du chemin des Grands-Bois. De plus, telle est à cette époque, l'incertitude qui règne sur le véritable propriétaire de ce chemin, que dans la matrice cadastrale de Chartrené il est donné en *entier* à cette commune, lorsque celle de Bocé le donne également *tout entier* à cette dernière commune, singulier titre de propriété à invoquer.

Quant à l'acte administratif de 1864 qui constate l'achat de deux petites parcelles sur le chemin par ma mère alors âgée de près de 80 ans, il s'explique par la lassitude et le découragement dans lesquels l'avaient laissée la lutte soutenue avec la commune de Bocé six ans auparavant. Cette dernière, la grande coupable, a construit frauduleusement le pont par lequel la petite commune de Chartrené a passé sans bruit et sans combat.

De tout cela, il ressort de la façon la plus évidente que ma mère a été trompée par les maires des deux communes qui, pour l'amener à leurs fins, l'ont intimidée, soit en lui présentant comme légaux des actes qui ne l'étaient pas, soit en lui dissimulant les actes vrais qui condamnaient leurs prétentions. Si la justice prend rigoureusement en main la défense des enfants mineurs, laissera-t-elle désarmés les vieillards en but aux attaques des forts qui employent sans scrupule le mensonge, le *dol* et la *fraude*.

7. L'abattage des arbres et le bornage.

Après avoir observé 1° quant à l'abattage des arbres, que sur le chemin de la Thouesnière si j'ai abattu 3 peupliers qui gênaient ma propre circulation, la commune en a fait abattre de force, par un homme à elle, un plus grand nombre; 2° que pour le bornage, après avoir protesté sur la manière dont il se faisait à propos des 66 parcelles des chemins vicinaux sur lesquelles je n'avais d'autre prétention que d'avoir la mesure des terres achetées par ma mère, j'ai refusé mon adhésion au bornage des 6 parcelles du chemin de la Thouesnière et finalement ma signature à l'acte préparé par l'agent-voyer, lequel acte est et demeure incomplet, irrégulier, et ne peut m'être opposé.

Mais il y a plus, et pourquoi ne l'avourais-je pas. Propriétaire seulement depuis trois ans, j'étais, à ce moment, complètement ignorant de mes droits. Je ne connaissais ni les aveux de 1663 et de 1772, ni le seul classement régulier de 1825 que la commune dissimulait soigneusement pour ne mettre en avant que le classement illégal de 1840. Il ne me restait à opposer aux prétentions de la commune que la disposition même des lieux et les traditions déjà lointaines de l'opinion de ma mère, cette dernière notablement infirmée par l'acte d'échange de 1858.

Comment s'étonner dès lors de mes hésitations et de quelqu'incertitude dans mes actes. Ceux-là seuls qui convoitent le bien d'autrui par tous les moyens peuvent me faire un crime des scrupules de ma conscience.

8. *Que cette articulation aussi vague que tardive... Vague,* nullement; *tardive,* peut-être, mais à qui la faute ? Si la commune de Bocé n'avait pas usé de manœuvres frauduleuses pour tromper d'abord ma mère et moi ensuite; si elle n'avait pas tenu secret le classement de 1825 pour ne présenter que le classement illégal de 1840, il n'y avait pas de procès possible et la commune était arrêtée dès le début dans son usurpation. Que si l'on me taxe de légèreté pour ne pas avoir examiné à temps le faux classement de 1840 et n'avoir pas reconnu son irrégularité, je répondrai qu'il en a trompé bien d'autres. D'abord le Juge de Paix, les avoués et M. le Président du Tribunal de Baugé, entre les mains desquels il s'est trouvé. Ce n'est que mon avocat, M. Fairé, la veille seulement, hélas ! du jour de sa plaidoirie, qui a reconnu l'irrégularité de la pièce et a pu la déclarer nulle devant la Cour d'appel, et c'est huit jours après, la veille du jour où M. l'avocat général devait conclure contre moi, que je découvrais aux archives de la Préfecture d'Angers le tableau de classement de 1825 et remarquais l'absence dans le dossier du faux classement de 1840. Voilà les faits dans toute

leur simplicité. Voilà pourquoi ma conclusion de dol et de fraude contre la commune de Bocé a été tardive. Mais, pour précise, elle l'était, et quoique tardive, elle valait la peine que la Cour daignat s'en occuper.

9. *Considérant que l'appelant conclut subsidiairement...* J'abandonne d'autant plus facilement cette dernière conclusion qu'elle a été formulée dans un moment où mon avoué et moi ignorions l'existence du classement légal de 1825, dans lequel seul des chemins en litige, cette partie de chemin de la Morillère aux Grands-Bois est classée comme communale. Mais il est bon de constater un singulier effet des manœuvres ténébreuses de la commune de Bocé, c'est qu'elle peut revendiquer au nom du classement régulier qui fait sa loi la seule fraction de chemin que je ne lui ai pas contestée dès l'origine, tandis que, suivant le même classement seul légal, aucune partie des autres chemins primitivement revendiqués par ma mère et par moi, ne lui appartient légitimement.

Je crois n'avoir laissé subsister aucun des arguments sur lesquels s'appuient les considérants du jugement du 16 février 1881. Je l'ai fait sans amertume et avec la sérénité d'une conscience droite et la fermeté d'une conviction lentement acquise depuis trois ans par la découverte successive de faits trop longtemps ignorés mais qui à la fin a inondé de lumière les manœuvres occultes de mes adversaires.

J'aurais peut-être quelque droit de me plaindre des tribunaux qui m'ont par trois fois condamné. Le proverbe donne au plaideur débouté 24 heures pour maudire ses juges. J'ai un trop grand respect pour notre magistrature française *inamovible* pour la soupçonner de partialité. Il est vrai qu'avant d'ester en justice des parents et des amis m'en détournaient en me disant : Le vent est aux Communes, vous perdrez infailliblement. J'ai répondu en me confiant avec simplicité à la magistrature de mon pays, et, si elle ne m'a pas rendu ce que je crois la justice, cela tient à deux causes : une cause générale et une cause particulière au procès.

La cause générale tient à l'influence de l'époque où nous vivons.

Dans ce siècle de chemins de fer et de télégraphes électriques, l'impulsion de la vitesse et de la précipitation se fait sentir à tous et partout. L'inattention devient la règle et la maturité dans les actes l'exception. En tout, on est impatient de jouir, de voir la fin d'une entreprise péniblement commencée, de mettre le couronnement de l'édifice sur des fondations mal assises. Le plaideur est pressé d'en finir avec les ennuis d'un long procès ; l'avocat est pressé de passer à un autre dossier ; le juge lui-même, malgré la gravité de ses fonctions, peut se laisser glisser sur la même pente et enjamber au lieu de les résoudre, les difficultés d'une affaire compliquée.

Or, je ne fais pas difficulté de l'avouer, (et c'est là la cause particulière que j'avais en vue tout à l'heure,) que par suite de la découverte successive, trop lente, des documents les plus importants, mon affaire était des plus compliquées, et qu'au milieu des contradictions nombreuses qu'elle présentait, il devenait très difficile de démêler la vérité.

Qui eut jamais pu penser que cinq maires se succédant dans la commune de Bocé se seraient, pendant plus de 20 ans, servi d'une pièce qu'ils ne peuvent avoir ignoré être illégale, lorsque dans leurs archives ils en avaient une autre parfaitement régulière, mais qui les condamnait. C'est le comble de l'audace et de la dissimulation !

Je viens de parler de cinq maires se succédant depuis 60 ans dans la commune de Bocé. Il m'est infiniment pénible de rencontrer en tête de ces cinq administrateurs et comme instigateur *apparent* de la conspiration dont je suis en train de dévoiler les sourdes menées, le nom d'un homme honorable que j'ai beaucoup connu dans ma jeunesse, qui, chargé de défendre les intérêts de la propriété de Parpacé, le faisait loyalement en 1825, du vivant de mon père, et 15 ans après, lorsque ma mère, devenue veuve, lui témoignait une confiance aveugle, proposait et signait le projet de classement de 1840, tout entier écrit de sa main.

Mais qu'est-ce à dire? et n'y a-t-il pas dans le fait même des lacunes qui invalident cette pièce, une circonstance très atténuante à la conduite de l'ancien régisseur de Parpacé? Pour ménager, comme on dit vulgairement la chèvre et le chou, la régie de Parpacé et sa popularité auprès de ses administrés, il me paraît probable que M. X*** a répondu en 1840 aux reproches qu'on avait pu lui faire d'avoir, en 1825, ménagé la propriété, en inscrivant dans le nouveau tableau de classement projeté les chemins en litige avec deux autres de moindre importance. Mais, pour ne pas charger sa conscience d'une usurpation qu'il savait mieux que personne contraire au droit et à la justice, il a laissé la feuille incomplète, sans la confirmation de l'autorité compétente et manquant de la déclaration de publicité prescrite par la loi.

Cette courte excursion dans le domaine psychologique n'est pas inutile à la recherche de l'origine des éléments constitutifs de ce singulier procès. Elle nous fait toucher du doigt la source même des revendications aussi injustes que *tardives* des communes.

J'ai un véritable plaisir à le dire à sa louange, M. X***, après cette satisfaction platonique donnée à ses conseillers, ne s'est jamais servi, à ma connaissance, du factum dont il connaissait bien la non-valeur. Mais seulement il a eu l'imprudence de le laisser, après sa mort, à des successeurs beaucoup moins avisés, moins instruits et moins judicieux que lui. De là est venue l'odieuse pression exercée sur ma mère pour lui faire signer, au mépris de sa protestation antérieure, l'acte d'échange de 1858 ; de là, la construction, à son insu et en son absence, du ponceau de l'Huilerie ; de là enfin, plus récemment, les abattages d'arbres, mesure administrative inepte, qui n'a fait que des mécontents, sans profit aucun pour la commune.

Toutes ces machinations, conduites avec une persévérance canteleuse contre une femme renommée dans le pays par sa bienfaisance et son extrême bonté, alors que parvenue à un âge avancé elle était privée de ses défenseurs naturels, ont quelque chose de particulièrement odieux.

C'est le sentiment de réprobation naturel à un fils devant une pareille conduite, qui m'a inspiré la volonté de venger, même au prix de notables sacrifices, l'honneur de ma mère outragé, sa parole et sa signature conspuées, et le trouble apporté à la paix de ses dernières années.

Nouveau venu dans le pays, ignorant des choses et des hommes, mais soutenu par une pensée filiale et par le sentiment du devoir accompli, j'ai commencé la lutte en 1878, sans grand espoir de succès. Puis, peu à peu la lumière s'est faite. La lueur est devenue étoile, puis soleil, m'inondant pleinement, quoique tardivement, de ses rayons bienfaisants.

Aussi, maintenant que je suis en possession pleine

et entière de la vérité, loin de me décourager de deux échecs successifs, je suis décidé à en appeler à la Cour suprême, et si ce dernier refuge me manque, j'en appellerai au tribunal de l'opinion publique en faisant imprimer ce mémoire qui n'était point à l'origine, destiné à la publicité.

EPILOGUE

A MES JUGES

Par le temps de révolution qui court, ayant mis peut-être quelque vivacité dans la défense de ce que plus que jamais je crois la vérité, je sens le besoin, en terminant, de protester, comme du reste je l'ai déjà fait au cours de ce travail, de tout mon respect pour la magistrature de mon pays.

Je puis, ce me semble, malgré ma condamnation, croire à la justice de mes revendications, je puis garder l'intime conviction que je suis victime d'une erreur judiciaire, mais je tiens à séparer ma cause de celle des anarchistes, *ab homine iniquo et doloso erue me*, qui ne demandent la suppression de l'inamovibilité, (cette garantie de l'indépendance du juge si longtemps poursuivie par nos pères,) que pour compléter le réseau de lois despotiques qui déjà nous enserre.

Hélas ! On pardonnera, j'espère, ce cri de découragement à un vieux et bien sincère libéral : la vraie liberté, comme la vraie religion, la vraie poésie, la vraie science, en un mot la recherche de toute vérité est le partage du petit nombre. On peut dire d'une manière générale que les aspirations de la multitude ne sont que convoitises ou préjugés.

L'élection des juges par les contribuables serait le dernier anneau de la chaîne du despotisme démocratique dont le spécimen d'il y a 80 ans aurait dû nous guérir à jamais.

Dans une nation où il y aura bientôt plus de fonctionnaires que d'administrés, s'imagine-t-on ce que deviendra l'indépendance du juge placé à la merci des justiciables devenus ses électeurs ?

Ceux qui connaissent l'histoire du passé et qui savent combien de temps, de travaux et d'efforts soutenus il a fallu pour réaliser le système salutaire de la séparation des pouvoirs, ceux-là, en vrais patriotes, auront le même scrupule que moi et redouteront de donner, même en apparence, leur adhésion à la théorie opposée, véritablement liberticide.

www.ingramcontent.com/pod-product-compliance
Ingram Content Group UK Ltd.
Pitfield, Milton Keynes, MK11 3LW, UK
UKHW022148190726
13855UKWH00004B/1390